OTRO CANTO

Primer Premio de Poesía La Pereza 2013

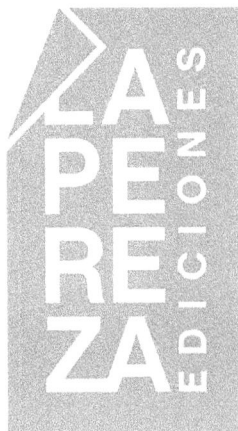

LA PEREZA EDICIONES

Otro canto

First Edition

© La Pereza Ediciones, 2013

Publisher: Greity González Rivera

Editor: Ernesto Pérez Castillo

Cover Illustration: "Escuchando ambas partes", Abel Barroso, 2013

Manufactured in United States of America

ISBN-13: 978-0615782638 (La Pereza Ediciones)

ISBN-10: 0615782639

La Pereza Ediciones, Corp

Miami, Fl, 33196

United States of America

Nota del editor

Cuando La Pereza Ediciones convocó a su Primer Premio de Poesía, lo hizo esperando que un manojo de poetas, de una u otra parte del mundo, se interesara en la propuesta, cuyo destino final sería la publicación de esta antología.

Lo que no previmos ni en nuestros sueños más quiméricos fue la abrumadora respuesta que recibió la convocatoria. Más de setecientos poetas, desde Argentina, Uruguay, Perú, Bolivia, Colombia, Venezuela, Cuba, México, Estados Unidos, Canadá y también desde España, Italia, Bélgica, Rumanía, Reino Unido, Rusia, pero además de Tailandia, China, Hong Kong, Taipéi, dijeron a toda voz: aquí está la poesía.

Así, el proceso de selección fue mucho más arduo, pero resultó también más placentero, pues cada propuesta difería del conjunto por el tono, por la forma, por la intención y por la intensidad, ofreciendo un abanico muy amplio de la poesía que se escribe hoy en nuestra lengua.

El poema "Otro canto mañanero", del colombiano Juan Ignacio Muñoz, impresionó al Jurado por su logrado rejuego formal con las palabras, por el libertario desdén con que se vale del idioma, por la claridad y coherencia de su poética y por el acertado apresamiento de un sentir común y una condición universal, lo cual le valió para alzarse con el Gran Premio del certamen.

Por todo eso apuesta La Pereza Ediciones, y por mucho más. De ello da fe esta muestra que hoy publicamos, con la que inauguramos nuestra colección de poesía, a sabiendas de que la poesía está en todas partes, y la certeza de que en todas partes está viva.

Ernesto Pérez Castillo

Director Editorial

GRAN PREMIO DE POESÍA LA PEREZA 2013

Juan Ignacio Muñoz

Colombia, 1979

OTRO CANTO MAÑANERO

La aurora me sacó del Sofasutra

Tomando mis extremidades

Y halándolas, halándolas, ¡ah...!

Hasta reventarme las vértebras

Con su risa kirika ....kikirirí kokorikó....

¡Ay cómo duele florecer tan claro!

Amanecí con los ojos en la niebla,

Con cero kilómetros de combustible,

Lejos del mundo como de mí mismo,

Del cielo y su distangustioso abismo

Cercado por los mismísimos ángeles,

sodogonorreoides, perrorrastras, proxynetas,

¡Junkies de éter! ¡winomanes sin hambre!

¡Allez vous faire fff...ffff...!

Qué hondo es despertarse con aires de neonato,

Solo, sin los besos de la Guerrera,

Varado en un Sofasutra cuadrado

Distangustiadándose por la afasia, la inercia, la falaxia,

Más balumbo que un mapamundi roto,

¡Más muerto que un pájaro idiota!

PRIMER PREMIO DE POESÍA LA PEREZA
2013

Luis Manuel Pérez Boitel

Cuba, 1969

SIN TÍTULO

Muchacho de rostro honesto /Y puritano, también tú, de la infancia, / Tienes además de la pureza, la abyección.

Pier Paolo Pasolini

Pier Paolo Pasolini escucha atento: nadie puede configurar la rosa náutica que nos gobierna, ni el destino del muchacho que sólo fue tuyo en el último vagón. Acaso pudiera yo dibujar tu nombre sin la linterna que nos dejaste. La noche que nos dejaste.

Por la filigrana descubro la ausencia, un cuerpo que se aproxima y semeja la tártara noche, el sinsentido de esa otra pureza que ahora descubro.

El país que nos dejaste para que todos supieran la forma de la rosa. La rosa de Jericó, la rosa Estambul, la rosa de los vientos, la rosa de los que hicieron el viaje alrededor de otras tierras. Aquí, muchacho, veo tu árbol genealógico y escucho la voz de los que nada saben. El país de los que nada saben. Pier Paolo Pasolini.

Difícil es todo merecimiento. Ahora que busco en los cuerpos que pasan una imagen que pudiera parecernos diferente, la distancia de este posible poema, dejaría las cosas como son.

El acantilado andén que pudo ser el muchacho joven que terminó con tu vida, martillaba tu vida y le perdonaste. Yo que también deshojé una vaga rosa, con los muchachos de Friuli, y de Moravia.

Pier Paolo Pasolini escucha atento: ahora puedo escribir una poesía en forma de rosa, diáspora de Eridiana, ante los ojos del muchacho que también debe acabar con mi existencia.

PREMIO DE POESÍA LA PEREZA 2013

Leslie Urdanivia Trujillo

USA, 1989

SÓLO SOY UNA MUJER

Sólo soy una mujer

en medio de una isla desnuda.

Siempre sola, en espera.

Aquí los cuervos vuelan al unísono,

y se desviven por sacarme los trozos.

Soy esta mujer sola,

que se hace una con la isla misma.

La enamora, la eleva hacia las nubes, la hunde

en sus espasmos de alegrías inusitadas.

Y rompe en pedazos-como un papel-cuando se ahoga en llanto.

Soy mujer e isla.

Todo en uno, porque nací sola, sin raíces. Con alas.

Una mujer que abarca playas y fronteras,

que cabe en el centro del mar,

que se estanca y no va a ninguna parte.

Una isla que abre sus piernas,

corriendo desnuda sobre tu geografía cara,

gimiendo de placer en tus horas más oscuras.

Una Mujer-Isla que va succionando todo, tragando todo,

como el agua misma con sus olas sobre la arena.

César Pavel Juárez Urbina

México, 1981

A VECES EN LAS NOCHES

A veces en las noches me dan ganas de estar solo,

con mi cigarro prendido y mi comezón en los pies.

A veces ando busca que busca la soledad entre todas estas cosas:

en la luz triste de tus ojos, en estas rodillas frías.

Es curioso cómo se busca la soledad y se termina

hecho un tonto, con la cara larga, durmiendo despacio.

Me pregunto si se puede estar solo. Pero de veras solo.

Sentir eso que dicen que sienten los que buscan y las mujeres embarazadas, las plumas de los pájaros, las señoras quedadas.

Al final, puede ser que la soledad no exista, o que existo

demasiado.

Puede ser que esté en algún cuarto, sola, pobrecita,

esperando.

María R. Álvarez Rosario

España

HOY ESTOY LLOVIENDO

Hoy estoy lloviendo

sobre todas las cosas,

y he mojado las calles

en las que no te encuentro,

y las puertas cerradas

de mi casa.

He empapado los bancos,

secretos, de los parques,

las mañanas alegres

y las risas de antes,

anegadas de agua.

Y de tanto que lluevo

el mar se está mojando.

¿Sabes cómo te digo?

Así,

desconsolada.

MENCIÓN

Jorge Barco Ingelmo

España, 1977

NO AGUANTO EL TIEMPO

Y en la contraportada de tu último libro

de poemas, mencionas a una autora

de la que hablamos largamente,

mencionas cinco días que pasamos en París

y los dos viejos tristes que conocimos allí.

Y todo, ya ves, para no contar nada,

nada en el tiempo ya de lo que fuimos,

nada de lo que pudo haber quedado

entre las sábanas, nada, nada

de nada, y no aguanto

el paso del tiempo.

Tú lo dijiste: no quedan versos ya

como los de antes,

y no hay ni sombras de los besos que te di,

pero no puedo ni quiero intentar

17

apartar la mirada de este libro

que tanto tiene de aquello que descubrimos juntos

y hoy se vende en cualquier librería

a 950 pesetas el ejemplar.

Michel García Cruz

Cuba, 1983

LA MÊME VIE DE L'HYPERTEXTE

Porque no se puede llorar por facebook o whatsapp,

aunque se crea.

Porque no vienen nunca siete abejas muertas a rozarte la piel,

porque eres como una princesa o rey destituido,

unos brazos en la ventana,

colgados en la entrada donde los abrigos,

unos zapatos abandonados y la misma luz de las pantallas.

Lo que no fuiste y no serás no te acompañará mañana con un nuevo emoticono,

la tristeza por no ser justamente aquello que la gente espera.

Al final los pájaros muertos y la sinfonía apagada como el piano,

las cortinas cerradas y el sonido de los gemidos del cuarto y el amor de al lado:

ella susurra en el oído de él,

él se traga su pelo,

ella no aprieta ninguna tecla,

él no desaparece en la ortografía de un post olvidado.

La même vie de l'hypertexte:

porque no podemos dejar de oírnos,

ni de vernos,

como si nunca hubiéramos estado aquí.

OTRAS OBRAS DESTACADAS

Elizabeth Carpi

Argentina, 1951

VOLVEDORA EMOCIÓN DE MI PENSAMIENTO

Usted que ha sido

Un volver sobre mí

Y un latido de ideas

Usted

Usted que no sabe

De mi emoción callada

De mi cansancio horizontal

De que paso y piso el poniente

Usted que ha roto mis murallas

Abra el pensamiento

Y fíltreme unas décimas

Acaríceme una oreja

con sus versos

Yo le devolveré la palabra

Para que sea parte

O partecita

de un contigo y un conmigo

enamorados.

Cristina Validakis

Argentina, 1965

DESANDAR CAMINOS...

Esto de pisar las certezas, mientras se camina
hacia la más absoluta incertidumbre
de lo que está por venir
obliga a enhebrar los sueños,
y a deshojar recuerdos
con amaneceres nuevos.

Porque la muerte no puede sorprendernos
desfilando miedos.
O dormidos, con las utopías enterradas
y la mordaza del silencio...

Esto de transitar mis propias huellas
con pasos nuevos
hacia la más absurda reiteración
de viejos hechos.

Hacia la más inocente expectación

de enhebrar los sueños,
no es terquedad... no es porfía...
A veces, es necesario desandar caminos
para abrazar la vida...

Marcos Cohen

Argentina, 1982

TORNILLO

La vida gira sobre nosotros

como un tornillo

y el amor se desprende

del corazón como

una estalactita valiente.

El tiempo es como un hijo

que muere a cada segundo

como un segundo

que la muerte

engulle hambrienta.

Y quizás nosotros

seamos el tornillo

que Dios afloja o ajusta

contra la vida.

Olga Bertullo

Uruguay, 1992

EMBRUJO

Bajo el espacio azul, duerme la noche,

apacible, serena, silenciosa.

La luna, en su periplo, no reposa

y desata fantasmas y fantoches.

Los guiños luminosos son un broche

al embrujo, en la hora fantasiosa;

y una estela de espuma algodonosa,

se esparce como en mágico derroche.

Todo es serenidad, todo está en calma,

y en suave vuelo se desliza el viento.

Se adormece la voz y el pensamiento.

Una serena paz, invade el alma.

y una danza de sueños e ilusiones

acompasa el latir de corazones.

María Manetti

Argentina, 1953

DESDOBLANDO NOSTALGIAS

Me traicionó tu piel cuando cayó la noche

Esa voz me sedujo tan cerca del deseo

que ocupó los rincones y encadenó mis soles.

Una tierna dulzura entretejió el abrazo

fue creciendo en mis venas un mar incinerado

y ensanchó nuestro espacio...

Se apretaron los besos

y nos fuimos alzando desdoblando nostalgias.

Nos dimos el permiso de las horas sin tiempo

...mil posturas

las tuyas...

muchas mías...

me prendiste una flor roja en mis senos

y a las diez menos cuarto me dejaste en silencio

sin reclamos ni adioses

con un roce de piel tan suave, tan intenso

y de fugaz, tan lento

que me quedé desnuda, sin boca, sin apoyo

...pero entera de vos...

y enamorada.

Fernando Ortega Martín

España, 1985

MI CAMARERA

¡Cómo devengas, mágica, tus fueros!

¡Qué irremisibles siento tus poderes!

No bregas por mandato si no quieres

ni enhebras tus asertos verdaderos.

Percutes con tus ecos placenteros

el verbo que sacuden otros seres

vertiendo así tu luz de pareceres.

Día tras día, pasan los febreros.

Envuelta en merodeos accesorios

no hay hueco para quejas ni reproches,

partícipe quizás de otros jolgorios.

Disfrazas de adalides a fantoches

vendiendo sentimientos ilusorios.

Día tras día, tristes son tus noches.

Zara Patricia Mora Vázquez

España, 1981

HÉLICES DEL VIENTO

En las hélices del viento,

He dejado mis tormentos.

No queda nada sólo tiempo,

El cetro sesgado de un futuro perplejo,

La cita de la experiencia,

Con la sabiduría del necio,

La guarida de la palabra,

Entre sombras y bosquejos.

Todo lo que pienso es complejo,

Soy mayor, Soy un roble viejo.

Que espera las cuentas del barquero,

No de las niñas bonitas,

Sino de las que dejaron de serlo,

Hoy vuela el halcón,

Cual cometa envenenada.

Y yo sólo soy una nave,

Que en mala hora aprendió a volar.

Oscar Basso Winffel

Perú, 1967

CONSUMATUM EST

A Antonio José

Desterrarán de ti todo lo que haya de mí
Usarán lo que vale y sobre todo lo que no vale.

Recorrerán mi pasado

para decirte que ya lo sabían.

Recorrerán mi presente

para confirmar mi pasado

y tendrán las pruebas para cuando las pidas.

Dejarán que la distancia alimente tu olvido

y que la ausencia habite en tus días y tus noches.

Dejarán que el tiempo cobre su revancha.
Te convertirán los sueños en ingles
Y dejaran que olvides

lo poco que conoces de tu patria.
Dirán, si preguntas,

que la culpa de no ser de allá ni de acá, es mía.

Usarán mis errores para machacarte
Y cuando me mires a los ojos a través del teléfono

y ya no quieras contestar,

Hijo mío, lo habrán logrado.

Elena Fernández Alonso

España, 1965

DESNUDA DE TEMORES

Ella quiere bailar
desnuda de temores
en mitad de la calle,
que sus caderas serpenteen
al son de la música
para expresar su alegría,
porque está feliz
no como un ritual
de atracción fatal.

Ella desea ser la reina
de su propia fiesta,
de la celebración ajena
a miradas furtivas,
pero ansiosa de aquellas
con invitación.

Yonnier Torres Rodríguez

Cuba, 1981

MIS AMIGOS YA NO SON LOS DE ANTES

Mis amigos ya no son los de antes.

Ahora envían postales,

me miran con lástima.

Mis amigos ya no montan en los camiones

para ir a la playa.

Hacen footing a orillas del mar.

Sobre las tumbonas clavan los ojos

en el azul pálido del cielo.

Mis amigos alquilan una película para ver en casa.

Sobre el sofá del living se quedan dormidos.

Cuando pasan los créditos finales

sueñan que están en la Plaza,

bajo un sol implacable.

Despiertan sudados.

Borran de un manotazo el sueño,

apagan el televisor.

Beatriz Teresa Bustos

Argentina, 1950

LAS HORAS

Desde que el tiempo apagó tu boca, andan ciegas mis horas.

Algunas veces, pasan ante mis palabras exhibiendo sus heridas,

otras, peregrinan silenciosas simulando no sentir el dolor que las atraviesa

(sin saber que las denuncian,

la impronta escarlata que dejan sobre la piel del día).

¡Ay! Cómo estorba el penetrante agosto en cada esquina

que escarbo solitaria y melancólica, bebiéndome el desierto de mariposas que vuelan confundidas.

No hay retorno hacia el ayer para mis labios

y es inútil invocar sin tregua tu cuerpo: lumbre y espiga.

Hoy, resucitada de las lágrimas, le he concedido a mis sentidos libertad para sepultar los artilugios de la sangre.

Porque no es justo andar a corazón abierto, sola y arrastrando fantasmas hambrientos en la mirada.

Y de mis ciegas horas... ¡Ya no seré el bastón blanco que las acompaña!

Fabricio Gabás

Argentina, 1965

SIN TÍTULO

Sí,

como melodías disonantes

unas pocas palabras

lúgubres

son la lengua del hombre

son la idea

desde catacumbas ancestrales allegadas

como ecos de antiguas rogativas.

José Fernández Erro

Argentina, 1951

LA NAVE

¿Quién se anima a salir hijos adentro,

navegante del siglo venidero,

olvidado de sí, ya vuelto huesos

en las fotografías resurrectos?

Sembrar es despojarse y dar por cierto

que no se habrá de ver el trigo nuevo.

¿Quién busca por la sangre el mar abierto

de la vida, las olas del misterio

y la profundidad azul del tiempo

donde los ojos caen siempre ciegos?

Un necesario día nos haremos

a la mar, al adiós, a los recuerdos,

desde el más desolado de los puertos

confundiendo gaviotas con pañuelos...

¿Por qué con esta nave y estos vientos

la otra orilla de Dios queda tan lejos?

Angelo Nestore

España, 1986

CONTROL S

Tan fácil es, tan difícil

como guardar

las sendas de la memoria.

Esperar que el corazón

parpadeante desprenda

de su arteria luminosa

todas las palabras

de este día cualquiera.

Y justificar,

justificarlo siempre todo

y que las palabras sean

de Tiempo tamaño doce.

Pero nada hiere más que

la sangría que me dejaste

porque todo comienza

con el espacio blanco del olvido.

Tan fácil es, tan difícil

como pulsar escapar

sin guardar los cambios.

Francisco David Valladares Aranda

USA, 1960

LA ALEGRÍA TOCA MI PUERTA

Miro hacia afuera

la ventana y la puerta están cerradas.

Canta el gorrión y con alegría exagerada

Toca mi puerta.

Luego, los sonidos de la calle.

se escucha el perifoneo,

"naranjas diez por veinte".

Sigue el turno del agua,

"agua pura y santa".

Son voces que me gritan

la alegría de la mañana.

Ensimismado, me resisto.

Finjo no ver, ni escuchar.

Cristóbal Trujillo

USA, 1993

HARKNESS

Frente a Harkness caían desde el pasado,

desde estrellas y cielos olvidados,

hojas muertas que danzan en el caos

y bañan de amarillo el cielo helado.

Yo que acaso temí el fin del otoño

descubro entre mis pasos y pasado

hojas siempre danzando hacia el vacío

del tiempo, los espejos y los años.

Estas hojas que hoy caen entre mis manos

cayeron en las de otros ya caídos,

y calladas las calles y los años

son canciones de eternos y suspiros.

Cuántas hojas hoy caen entre mis manos

que no caerán jamás sobre esta flor

en mí que va callando y olvidando

como el último otoño de mi voz.

Luis Miguel Helguera San José

España, 1974

SONETO EN TRANCE DE LA BELLA MUERTE A LOS AMANTES DE TERUEL

Discierne el desleal de enlabio ovante

a Diego en celsitud su apostura

con denuedo que la acucia apresura

ingrávida de helor exuberante.

Del desuello resarce la acezante

venia del deshonor que lo conjura

antes que exhorte del desdén mesura

o que el celo febril lo soliviante.

Apronta con fieldad por su victoria

todo culmen en el lampo hoy pungido

del ebrio corazón ya apenas duelo.

Yace Isabel y el cielo la congloria

con cúpulas de esferas trascendido

en amor perpetuado sin desvelo.

Lorenzo Salas Morera

España, 1963

POR FIN QUEDAMOS EN SILENCIO

Por fin quedamos en silencio

espalda contra espalda

resuello con resuello

en el jardín de los deseos

cumplidos... (a veces)

y perdidos

donde las almas gravitan

solitarias

avistando allá a lo lejos

otras almas

que parece

que escrutan la distancia

que las separa de los cuerpos

que resuellan

espalda contra espalda.

Yamily Falcón Sarkis

México, 1976

EMPACAR Y DESEMPACAR

Empaca y desempaca viejas emociones

la periferia envolvente engaña.

Para entonces,

las palabras remendadas con desechos.

Desempaco y empaco,

el principio del instante inmediato,

segundero cíclico,

todo se ve como suspiro opaco.

Empaco y desempaco

el final del principio desenfrenado.

La costosa inversión de infinitas caretas impuestas.

La bofetada egocéntrica replica: "¡No soy el gatillo de tu arma!" "¡No soy el gatillo de tu arma!"

Pierdes el suelo,

¿Qué te hace creer que el arma está cargada?

¿Qué te hace creer que soy bala?

frente a ella

otra se pone los tacones,

Tú

de mallas y tutees de colores,

Junto a ella

Él empaca y desempaca la avenida que corre por tu alma.

Leidy Gonzales Amador

Cuba, 1988

AMONTONO LAS PIEDRAS/VAN MIS MANOS

Virginia Woolf, también yo quiero irme
al fondo de las aguas. Duele el mundo.
Tal vez la savia endeble de los musgos
logre curar el ansia que me embiste.
Amontono las piedras. Van mis manos
curvadas de temor en los bolsillos.
El eco de las aguas he sentido.
La humedad del espacio que has dejado.
Éxtasis. Caen los miedos como gotas.
Puedo escuchar las voces. Te presiento.
He de liar mi muerte con tus horas.
Y despertar quizás en otro cuerpo.
Virginia Woolf, hundirnos como rocas,
es la única forma de sabernos.

Julio C. Bolívar

Venezuela, 1954

BREVE TEORÍA DEL RESENTIMIENTO

Esclavo del sentir, vuelvo a recordar

aquellas manos sin sombras

y los pies perfectos del amor.

Volver a recordar, volver a sentir,

rumiar la calma del que recuerda y siente

de nuevo como el día en el que pasan todas las cosas

y te duelen.

Sentir aquel vacío

en el tiempo de la casa que se levanta en la manta
infinita del viento.

Vivir nadando en la lenta emoción de pensar todo, todos
los días.

Emoción de Sísifo y de la repetición del tigre cuando
caza.

Espacio de placer y de dolor

Nomadía circular a la que volvemos cuando se nos apaga
el horizonte.

Ilusión de la ilusión de volver

Saber siempre

que es sólo una ilusión.

Fuensanta Gonzálvez Sánchez

España, 1978

APRIETO LAS MANOS FORMANDO UNOS PUÑOS

Aprieto las manos formando unos puños

para acumular la sangre en un punto fijo,

para verme por dentro,

para explicar por qué me conozco distinta

a como me conoces tú.

Ellen Ryan Robinson

USA, 1989

¡HEYYY GÜERA!

"Hey girl, where you from?

you a gringa mamita? I love you long time ¿sí?"

I'm too white they say

not their negrita linda

morena princesa

that moves like mangos fall

I'm too tall they say

built like sugar caña

up up up turned my nose,

with no small woman charm

my ojos incite fear

I drown drunk sailors landbound

"you from here mami?"

always pegged as a

foreigner despite a slicing

splicing slippery tongue

that cooingly coughs their

dark, short, shady words out

"hey güera, get lost"

but I'm already gone, perdida.

Tomás Browne Cruz

Chile, 1982

Nos desnudamos ante los reyes

Por darnos harapos,

Y por las sobras de sus ollas

Bien les escupimos en la cara,

Sin miedo al destierro

De nuestras casas hicimos países

Sin fronteras ni monedas

Intercambiamos

Oficios y lenguas

Y juramos llorar juntos

Por cada gota de sangre derramada

En esta ciudad por ahora sin luz

(con sus estrellas sobre la pólvora)

Pero cuando ilumine

Iluminará el firmamento de la historia.

Pablo Johnson Ramos

Chile, 1989

REFUGIO

Tócame

Con tu mirada

Implacable y recorre con ella

Mi espalda, mi pecho;

Implacable y toma con tu aliento

La palabra que escriba

El amor y el goce

Que tu mano habla cuando

Implacable, recorre

Mi pecho, mi espalda, mis labios

Susurrando

mil y un aventuras

Placeres reservados

A los amantes encontrados

Huyendo

Implacables y recorriendo

Las líneas profundas marcadas

En el cuerpo inconfundible

Que se vuelven enlazados

Con la mirada.

Eliana Morales Castillo

Colombia, 1992

CLIMA DE UN SENTIMIENTO

Las nubes se dividen
se marginan la una a la otra.

La boca se ha secado,
El corazón marchito pide tregua.

El camino llegó a su fin,
Los pasos levantaron el polvo
que se tragó el camino,

El cuerpo hecho barro se detiene
ante el sol imponente.

Los brazos carcomidos por los vientos
Son levantados en señal de victoria.

Los pies, partículas ondeantes se detienen
ante la amenaza de la tormenta

Finalmente,
el cuerpo se mimetiza en el desierto.

Nelson Salvador Alamar Belmonte

USA, 1976

HUÉSPEDES

No concibo que a estas horas

tus manos se ausenten de asistirme

y se amontonen estas soledades anónimas.

No concibo que como huésped

huérfano y desencajado

me prohíbas

recordarte

en mis olvidos.

Rosakebia Liliana

Taipéi, 1990

OLIVAR BAJO LA LLUVIA

Hemos caído con la inocencia

que cae una hoja en medio del bosque.

Como quien camina y dejar caer una pelusa del saco.

No somos quien camina,

al vernos caminar mientras caminamos,

somos la pelusa del saco.

Uno presiente la caída, nos exorcizarán.

Finalmente, ni más hermosos ni más solitarios,

nos mandarán a la hoguera.

Hemos olvidado como la lluvia olvida lo que moja.

Nos hemos olvidado por debajo de la memoria

como quien olvida su café a medio beber, nada
extraordinario.

La inmovilidad aparente del pensamiento nos brinda

cierta invisibilidad inútil para reuniones sociales.

Nos hemos olvidado como si hubiésemos aprendido a
olvidar, inútilmente.

No hemos negociado con la inocencia.

Carmen Ramos Escalona

Venezuela, 1962

DÉJAME SER

Si tengo tristeza y rabia: ¿Qué?

Déjame que las engulla, déjame que las vea

Las dejo que se empinen, "pá" que crean

Desde mis entrañas alzo la copa de vino

Para no brindar por las rosadas querellas

Amigo mío déjame no ignorarla

No la apagues, déjala que me quema

Quema mis entrañas

El alma que gime y ya no desea

Escúchame sólo esta vez:

Si la ignoro, yo sufro

Si la callo, yo me seco

Cuando la impotencia se enerva

Entra sin avisar, porque así es ella

No te afanes amado, no me detengas

Por eso desgarro el tiempo otra vez:

Voy a rabiar un buen rato

Cortaré el aire de un sólo puñetazo

Dame el placer de vivir a ratos

Permiso que aún no me ha dado el Soberano

Stephania Mora Galarza

Ecuador, 1989

VOCES ENTRE LOS SENTIDOS

Si cierro los ojos un segundo, todo parece pintar un poco
mejor
Y es momentáneo el instante, tan leve, como una ráfaga
en el viento

Tu imagen vuelve y se queda perenne.
Si cierro los ojos otra vez, los anexos que se conectan al
cuerpo me desestabilizan; Finjo no recordar

Se sacude el alma y presiona los engranajes del
resentimiento que acuden y gritan, que se lamentan y
agonizan
Pesa la culpa sin razón, pesa la conciencia apasionada
en el olvido

Se cierra el alma y lloro al anochecer, cuando nadie
escucha, cuando nadie se percata

Cuando nadie cuenta como yo los segundos ni se da
cuenta que ando perdida

Así que cierro los ojos y respiro. Si ellos fingen tan bien,
yo debería hacerlo mejor.

¿Sabes que no es culpa mía? ¿Que de haberte quedado
nada hubiera tenido que pasar?

Entonces pienso, que de haber hablado, yo también lo
hubiera podido evitar.

Quizá sólo fuiste infravalorado, tal vez si nos parecíamos demasiado.
Y si dejara de contar los segundos me convertirían en un mantra,

Me apagaría los sentidos y revolucionaría mis contradicciones afectadas.

He aprendido a colocarme las máscaras adecuadas

Y sonrío como ellos lo harían, porque algún día cerrare mi puño y lo estrellaré contra todos ellos
Susurrare que me pesa el alma y probablemente el silencio me haga compañía
Tal vez para aquel entonces el infierno habrá acabado, finalmente las lágrimas se habrán secado.

Pero si abro los ojos, y la oscuridad aún se cierne sobre mí, quizá una vez más lo habré soñado.

Porque posiblemente la valentía a mí, aún no ha llegado.

Luis Alberto Carro D'Errico

Uruguay, 1952

TAREA DE SAETA

Pasa el caballo altivo, con su hocico de bruma.

(Es el cuerpo del viento, que su estampa quisiera).

Con él, sube del fondo del tiempo la primera

memoria, vertebrada de soles y de espuma.

Pasa su crin espesa, su equilibrio de pluma

sobre roca maciza, la tupida pradera

de su cola. Allí viene...Sabe que no hay espera

más puntual que la historia que su trotar exhuma.

Con mandato de anuncio nombra sus credenciales:

Plutarco, Plinio El Viejo, poetas medievales,

cartógrafos de ahora que le dibujan casa.

Tarea de saeta para unir cielo y cieno...

¡No hay palabra posible que contenga ese trueno

de magma que renace, cuando el caballo pasa!

Rosa María García Amaya

Cuba, 1971

LEY DE ONDULACIÓN

A Machado, y a Poe, y a Balí

El cuadro entero de mi vida permanece en la penumbra,
sólo conozco las partes, hay ángulos que no ilumino.
El dolor que evito hoy, serpenteará mañana,
como pez tierra adentro, como liebre entre dunas.
Lo sé porque lo viví, y mascullo igual al cuervo:
nunca más, nunca más, nunca más.
Es animal, es humano, todo se trata de miedo;
es mi verdad de heroína, es mi verdad de cobarde.
Medio millón de certezas entre mudos intersticios,
agita el camposanto de soledades profundas.
A donde quiera que voy me acompaña el adentros.
Vivo en este anfibio, medio animal, medio espíritu.
Ando por este mundo mientras habito el tiempo,
este zigzag de milenios entre cuerpo y voluntades,
es oscuridad y es luz, es cambio y más de lo mismo,

y es que lo que no quiero ver, duele menos escrito en versos.

Loren Fernández Ferrer

España, 1962

PAREJA EN LA PLAYA

Ella es la sombra que pasa los días

con los ojos perdidos en las mareas

llenos de un agua de mar que no se consume.

El, de cuando en cuando,

roza con los dedos su espalda ausente

y murmura un nombre

que se evapora entre los vendedores de baratijas,

la música del bar,

las risas de los niños ajenos.

Ella mantiene la barbilla firme hacia el horizonte

y las manos inertes a cada lado de su toalla.

El no sabe cómo abarcar ese dolor impronunciable

con su brazos cargados de algas, astillas, esponjas.

Se mantienen aún

cosidos a las cuadernas

por instinto, como pueden,

sin mirarse a la cara nunca

hasta que el verano termine

con los días, pocos,

que aún les quedan en los mapas.

Keila Charris Stevensón

Venezuela, 1991

DOMINA GENUINA

Esa fémina me invade

Con su aroma primaveral:

No puedo dejar de pensarle.

Domina pulchra.

Mulier de otro.

Filia de bares

Inexplicables...

Viértete en mi cuerpo,

Evapórate en mi piel.

Un suspiro más.

Uno menos.

No hace la diferencia

De pensarte.

Eres quien difiere mis

Lágrimas, convirtiéndolas

En agua para tu sed con

Cautela y regocijo...

Carlos M. Urzúa

México, 1955

GIRA

La vida que se angosta como una perinola y escapa

por entre los cascos de memorias al galope,

por entre los labios de la melancolía,

por entre los dientes del ayer,

por entre las nostalgias,

por entre los días,

por entresijos,

x ÷ nada

•

José Manuel Sevilla Pacho

Hong Kong, 1959

SONIA BUSCA PISO DE ALQUILER

Nadie reza en esta escalera

pero todos vivimos en estado de gracia.

Pase y siéntese, en una tarde como ésta

le quité a María el cigarrillo de los labios.

Disculpe que en esta ventana

siempre haga mal tiempo y disculpe

este reloj parado a las 8.15 hora de Hiroshima.

Disculpe tantos de nuestros pensamientos

como estas sábanas donde el cuerpo ha luchado contra la
fiebre.

Disculpe que parezcamos ser mejores

cuando sólo somos más viejos.

Disculpe que en un mundo como éste

hayamos sido padres

y perdóneme si después del coche bomba

la invito a beber.

Venga ahora conmigo a mi antigua escuela,

la llevaré a una clase sin el crucifijo que yo quité,

en una tarde como ésta

escribí una frase en la pizarra

que nadie borró porque llegaron los soldados.

Beatriz Milne Rotundo

Argentina, 1937

DESTINO

Llueve... Y uno quisiera, sin embargo,

que no acabara nunca de llover.

Leopoldo Lugones

Soy como quiso mi destino fuera.

Toda entera entregada a un sentimiento;

radiosa luz brillando hasta el momento

en que dijo tu amor que yo muriera.

Soy como quiso mi destino fuera.

Al cabo de la vida, un gris lamento,

un desgarro empapado en acento

de soledad. Si vislumbrar pudiera

en la tarde que lentamente llueve,

a ese verso que tímido se atreve

a rescatar la dicha venturosa.

Cuenta el verso, en la lluvia, aquella historia

que sigue adormecida en la memoria

circundando el perfume de una rosa.

Elvira Martínez Lorenzo

España, 1942

MIENTRAS

Mientras escribo fumo y toso un poco,

por el aire viajan los profetas

de impolutos maletines

y perversas mercancías.

Mientras coso mis labios,

por la tierra caminan

los hombres de manos callosas y vacías.

Mientras lloro en el ángelus

navegan los demonios

por mi sangre de brea.

Y así, entre escribir,

gritar sin alaridos,

repetir lo hace mil años aprendido,

se pasará la noche por mis ojos,

que me niego a cerrar

porque me aterra el tiempo

en el que vivo,

el dolor y la rabia

de todo lo perdido.

Noé Machado Matheus

Venezuela, 1945

EL PUEBLO YA NO ES MÍO

El pueblo de mi infancia ya no es mío,
ni el vuelo de la garza, ni el caballo,
ni la novia del verso escrito en mayo
mi pañuelo de adiós y peregrino.

El pueblo de mi infancia es el camino
del dolor que me deja su paisaje
escondido en mi mente y en el viaje
casi eterno y lejano de su rio.

Ese pueblo es San Carlos, desde el puente
un dibujo infantil en acuarela,
una iglesia, una plaza y una escuela,

un relámpago azul, intermitente;
tiene el sur del verano de occidente
y en el aire el olor de Venezuela.

Agustín Olivares

España, 1974

APUNTE DEL NATURAL

El asno tuerto acuñado en el paisaje acaricia el rastrojo que cepilla el vientre azul y brillante de la tarde deshilachada que se agota. A lo lejos, susurra sigilosa la voz del atardecer grisáceo, y las copas de las encinas manosean la colcha triste del cielo rojizo que, diligente, arropa el cuerpo suave de la luna. Las cañas, golpean el silencio, y vuela una brizna de calma cuando el río se detiene un instante. El polvo, oscurece los pétalos marchitos de las flores limpias que pintan aceitosas el suelo labrado del paisaje de esparto que resiste. Ya la noche atraviesa el ojo abierto de la nube, y los grillos, al gemir por los costados, agujerean la sombra espesa del humo de algodón que envuelve brumoso las piernas abiertas del valle sombrío.

Claudia Valeria

Chile, 1972

ME CUIDÓ LA NIÑA DE UNA FOTO VIEJA

Suspendida en los grises

sin arrugas en el retrato

Apaisada me cuidó

limpiando la lente empañada de congojas

vuelta negativo de distancias amargas

Me cuidó la niña de una foto vieja

preservada en los tonos

eterna dentro del marco

En primer plano me cuidó

acercando la imagen al detalle

vuelta dulce obturador de la inocencia.

Miguel Ángel Alvarado López

México, 1971

SIN TÍTULO

Allá en la ciudad de México, junto a la ventana de un restorán de esquina

donde come el funcionario y el gendarme las quesadillas

que ahúman trámites y tránsitos, me encuentro bien.

Llegué al mediodía, con la carpeta de papeles bajo el brazo

y los ojos de cuando todo y cuando nada.

Las plantas crecían entre el cemento

las ratas asediaban los puestos de comida, la feliz indiferencia de los comensales.

El niño asomado a la ventana se despeina y se estira.

Tiene un vaso con refresco y aplasta el viento con las manos.

Echado a sus pies, el perro mueve la cola porque, sediento

se aburre de ladrarle a los de siempre, descreídos de su hambruna.

Espero a Selene y no tengo más qué hacer.

Así que sopeso los escritorios vacíos

la oficina acristalada, la silla, el teléfono, las manos mías

la ciudad donde murió, iluminada apenas, reventada en el ventanal

y me figuro que llueve

que agonizan los árboles en mi caja de colores.

Sheyla Valladares Quevedo

Cuba, 1982

BLINDNESS

Delante de mí

puede haber ahora mismo

un faro

una larga constelación

de Perseidas

un tigre de Bengala

con las fauces listas para mi carne

y no vería nada.

Delante de mí

cien puertas abiertas

una ventana en clausura

el huso y la rueca

un gorrión muerto

los designios de Elegguá

el torrente.

Y nada será dicho antes de tiempo.

Nadie me mirará a los ojos

y descubrirá para mí el camino.

Natalia Luciana Cuello Bulla

Argentina, 1982

EL BRILLO DE LO TENUE

Tuve al inocente entre mis manos,

más como el niño Stanton de Lorca que

como un tieso caballo de maderas y colores.

Lo tuve roto, como un espectro famélico y nocturno,

parte a parte lo vi y lo aparté de esa

humedad que se clava en la sien transportando

el dolor por la carretera del cuerpo.

Me pregunté quién era ese hombre sin respuestas,

qué ardor secó su pulso y lo mandó a dormir sin tener
sueño,

lo mandó a sufrir en polvo espeso,

lo acostó con su mano gigante para nunca levantar...

Era mi padre gente,

sin recursos de alivio

sin ensalmos de amor.

Raquel Graciela Fernández

Argentina, 1967

PARPADEO

Desde hace tiempo vivo mi último minuto.

Louis Aragon

El muchacho recostado en el atril

se parece a mi amante.

Tiene los rasgos de un poema atroz,

la boca viva,

la misma nariz impertinente.

El silencio como arma.

Los ojos no.

Los ojos del muchacho

están estancados en la hierba.

Los ojos de mi amante vuelan

de piedra en piedra,

de caballo en caballo,

sacudiendo sus párpados

apenas balbuceados.

Siempre remoto

como la bestia del verano,

siempre lejos

de mi último minuto.

Jordi Teva Mont

España, 1977

SONETO A UN MUNDO AL REVÉS

Que la luz del sol brille en la sombría,
que se vuelva tranquilo el impaciente,
que el mudo se convierta en elocuente
y que el silencio rompa la harmonía.

Que impere el orden sobre la anarquía,
que se dicte culpable al inocente,
que sea el semental un impotente
y que uno sólo fuera mayoría.

Que la odiada mujer sea querida,
que el enorme orador fuera tartaja
y que la muerte se volviera vida.

Que el Rey no tenga sobre el peón ventaja
porque siempre al final de la partida
acaban dentro de la misma caja.

Miguel Ángel Fernández Lancha

España, 1985

LA RISA INSOMNE

Regalices y una ovación cerrada,
medio bizcocho con su otra mitad,
tres velas en la tarta adormilada:
por hoy, por mañana, por la amistad.

El termostato alegre que apacigua
la febrícula de los delirantes,
un coctel perezoso en copa ambigua
con vermú rojo y dos hielos danzantes.

Jamás alcanzamos lo inalcanzable,
quizás logramos lo perecedero,
moribundo en una sonrisa afable.

Risa insomne, mueca de marinero,
un guiño chillón a lo irrealizable
para cumplirlo en un sueño postrero.

Jordi Moreno Leal

España, 1960

LA SANGRE, LA PALABRA

Trazar mi rostro o mi rastro de palabras

mostrar la imagen imposible de la ausencia

en el espejo roto de lo escrito.

Abrir la grieta aquí

en mi centro

y descubrir el abismo, la noche irrespirable y

más-allá-de-mi-en-el-vacío abrir el abismo

también en el otro caer profundo

morir matando con la infección de la palabra.

Hender la carne −el papel−

hundir la pluma hasta brotar

la hemorragia de las palabras

en las líneas fracturadas que

abren al abismo, esparciéndome

troceado

en cien fragmentos irregulares

que retornan a la calma

coagulándose en el silencio.

Carlos M. Gordiano

México, 1970

TU PARTIDA

Tu ausencia

es la oscilación de la piedra

caída en este lago inmenso

la onda en expansión

que queda

sin arribar nunca a los lindes

la diáfana humedad

sacudida por el ondeo

que instiga a convertir

en agua turbia tus recuerdos

la quietud eclipsada

por el pedrusco en su ahogo lento

ondulación creciente

en pozo sin fondo

y límites inexistentes.

Rocío Nicole Cabezas Cortés

Chile, 1989

LO RUEGO

Abandonadme... esta noche, os lo ruego.

Pido humildemente que me llenen de silencio los ángeles del cielo.

Recurro a las deidades esta única vez, por este momento.

Pido se me disculpe por mi arrogancia, y mi despotismo, por eso suplico soledad.

Apelo a la cordura de los milenios y busco refugio en las mentes abiertas de la existencia.

Necesito abandono.

Prívenme de cualquier manifestación de lo que no se llame razón

Enciérrenme en la lluvia de los campos libres, déjenme morir solo.

Abandonadme, os lo ruego como un favor, de hombre a hombre.

Abandónenme.

Diana Rosa Pérez Castellanos

Cuba, 1973

HIJA

En la soledad de mi noche me inquietas.

Sólo tú trastornas mi calma.

Y no sé cómo definirte: mi amor, mi alter ego, mi realidad imaginada

en un mapa gris de lo infinito eterno,

para pintar con carne mis delicadezas

que mías no valen lo que en ti suenan a campanas de enhorabuena.

Me das miedo mi amor,

temo tu grandeza estrujada en el recinto estrecho de mis vivencias,

temo tu mente temerosa de mi suerte;

y si pudiera morir para que tú sufrieras la gracia de tu volumen,

para que te construyeras inmensa,

sólo te pediría una oración.

Benito Pastoriza Iyodo

USA, 1954

EL RITUAL DE TUS DÍAS

Las hojas van amaneciendo en tu piel
como sombra verdusca que te arropa el alma,
destartalada y arrojada en su abrazo
perfora cada poro de tu epidermis en sueño.
El hombre donde he sembrado los helechos
las enredaderas y las palmas de Madagascar
sigue alagardo, entretejido y colgante
en esta guarida de sábanas enlutadas.
Cada esfera de verde sol gira por tu cuerpo
en busca de un indefinido matemático
saciado de luz, de transparencia afilada.
Cómo penetrar la nube que te envuelve
y arrancar el musgo que te adhiere,
para así vivir solazado en ti.
Cómo saber que eres el prefigurado
de los días detallados.
Cómo liberar la esencia que define
el ritual de tu jornada enamorada.

Alejandro Rafael Alagón Ramón

España, 1969

DIBUJOS DEL AGUA LEJANA

Cuando el mar se dilata su humedad abandona

el reino de la arena y se estira, veloz,

hacia los callejones y renueva ese aire

moribundo, heredado de la noche anterior.

Acaricia las fábricas vacías, los cristales

asustados y mustios, los portales desiertos.

El barrendero escoba la inquietud y los nervios,

esconde sin pudor en cada canastilla

las sombras y descuidos que abandonó la noche

mientras el mar impone su vida pendular,

su brújula de acero y enseña su corteza,

la sacudida ardiente de la puesta de sol.

Los albatros vigilan la orilla amarillenta

y las cajas de envases vacíos que se apilan

como un mazo de naipes en un viejo mantel.

Hoy temen el insólito poder de la corriente,

su mirada filosa, también su magnetismo,

la altura del ocaso y el imán gris que atrapa

el brillo interminable de los cielos azules.

Héctor Marcos Guetufian

Argentina, 1962

SIN TÍTULO

Con ademan de selva...

Vicente Aleixandre

Parque de mi barrio

césped

árboles

horizonte

transportaba aventuras exóticas

que momentos antes

había leído

en un libro de Emilio Salgari

en el departamento de mi edificio

dejé de ser un niño hace décadas

y sin embargo

voy al parque

para escuchar el rugido de algún tigre.

Luis Enrique Rivera González

México, 1985

DESPACIO

Cuando la boca inverne y deshoje las palomas

cuando la tierra necesite pupilas desgastadas.

Cuando tenga que volver.

No seré yo, ni aquél, ni ése,

ausente del diluvio fotográfico,

donde los niños maldicen sordomudos

y los gatos beben hasta el amanecer.

Lo juro, ni dios ni bestia,

ni ese pulso extraño de mí retrato,

ese enfermo de las calles torcidas.

No más vino de amables borregos.

Hundido en el canto del títere,

es amor lo que comen los presos

las ratas blancas.

En la mente hundida de sortijas

quiebra mi ser de saliva.

Angie Subero

Venezuela, 1979

ESTA SOY YO:

Un plástico envoltorio de recuerdos,

Negada a las sortijas

Y a los sacrilegios.

Los encantamientos los hago sólo con los ojos,

Porque no sé mover la nariz.

Si no me ves,

No sabes de mí,

No entiendes de mí.

Paso del frío de tus palabras

Al calor de tus manos

Como si no fuese humana.

Pero este ritmo de sangre que golpea

Me recuerda que la única forma

De encontrarse a sí mismo

Es desnudo,

Llorando,

Frente al espejo.

Jessica Orihuela Barranco

España, 1988

TÉRMICA CORPORAL

Calor eterno

Arde interno

Rompe el infierno

de dormir sin ti.

Vuelta a empezar...

frío impávido

de cuerpo gélido,

falto de latir.

Encuéntrame arañada

de espalda a pies

haciendo filigranas

...escuece la piel.

Tócame

¡masa incandescente!

Encuéntrame,

arde en una sábana.

Volvamos a ser

cuerpos encadenados

descubiertos en la mañana

de frialdad y calidez.

Patricia Cambiaso

México

QUE YO SEPA

No hay vagón sin vago

ni cometa sin coma

ni montañas sin saña

ni sabueso sin ueso

(ni hache sin hacer nada)

No hay calor sin rola alegre

ni alegría sin agriarle

los soles a los celos

Ni una sola losa

de azulejos sin lejos.

Tampoco hay fuerte en la muerte,

corazón con razón,

ni sable que te salve.

Belit Lago Martínez

España, 1990

VÍSPERA DE SAN JUAN

No creo en lo que me hiere o me perturba.
No creo en el amor
—atamiento de las almas,
porque son intangibles.

No creo en el descuido.
Ni en el silencio de las cinco.

Creo en el dardo que sale de mi ombligo
y va directo a la tercera pestaña de tu ojo derecho.

Y aún tuerto,
te deseo.

Como el primer día.

Como seis años ha.

María Moreno Quintana

Argentina, 1969

SIN TÍTULO

a los teros a los patos salvajes/ salvajes digo

por perfectos

al aullido nocturno y su remembranza/

salvaje

(por perfecto)

a mis tres vidas a mi compañera salvaje/ por negra

a su tregua brillante por descarnada

(sus ojos tiernos son mi sentencia)

(sus cuatro patas caminan a mi lado/ salvajes)

somos cinco algas flotando al compás/

al ritmo paralelo más leal más frugal más salvaje

y quedo en blanco/ recién nazco/ cuando la lluvia

sin conflictos/ disuelve mi cordura

y en la tranquera abierta encuentro mi destino

Guillermo Bianchi

Argentina, 1970

APARICIONES

¿de qué están hechos los fantasmas?

¿son vaguedad / presagio / llamarada?

¿detrás de qué espesura se lavan las heridas?

¿dónde van a llorar

tumbados boca abajo

arrasados en lágrimas de bruma?

¿a qué le temen los fantasmas?

¿a morir / para siempre

a penar / para nadie?

¿qué llevan en sus manos?

¿las cartas sin abrir?

¿el tejido feroz de la memoria?

¿son un golpe de viento en la ventana?

¿atraviesan paredes?

¿resplandecen?

Javier Rodríguez Flores

España, 1995

SABOR A SOL PODRIDO

Dialogando con las sombras ignorantes,
me ahogo entre sus brazos de cemento,
destilando los olores de un sedante,
entre muerta carne y sobras del momento,
por el dolor de los latidos incesantes,
me desangro en el color de pensamientos,
en cartones llenos de cristal cortante,
el sabor de un sol podrido por el tiempo.

Cinzia Novati

Italia, 1987

LA MOZA

Para Ilaria Tarabella

La moza rayada anda por el buen camino

rodeada por cien cardenales cantando.

Es la soledad que llama a tu puerta

Es tu vejez que te espera en la esquina

Es el mórbido ruido de mujer que se despierta

La moza manchada anda por el buen camino

rodeada por cien cardenales volando.

y la tierra huele a tarde de enero

cuando los errores chirrían.

Anda la moza azorada con sus cardenales

y la tierra duele a tarde de febrero

cuando los errores sangrían.

Segundo Antares

Chile, 1981

...

Mirando la página en blanco
se me ocurrió una idea:
"Haz un punto que parezca una letra,
una letra que parezca un poema,
un poema que parezca un libro".
Espontáneamente,
marqué en ella un punto
y esperé en suspenso
la llegada de la letra,
la aparición del poema,
la venida del libro.
Evidentemente,
mi truco no funcionaba:
había marcado
-quizás por ansiedad,
quizás por ambición-

tres puntos suspensivos

y en suspenso el arte

se dio un suspiro.

Anamaría Mayol

Argentina

LA NOCHE JUEGA

La noche juega

entre rotos relojes

se estira sobre el insomnio

se alarga en el túnel del espejo

ficción de lunas

mariposas muertas en los faroles

viste de mujer

la noche juega

con sus negros labios

entre anónimos pasos

silencios que comprimen

sobre la piel

se cierran como puños

mientras las flores del jardín

golpean ausencias

La noche

juega su emboscada

y es sólo un rostro

que no está

Irene García Villanueva

China, 1987

BELLEZA

Jeringuillas en el suelo
dispuestas en asimétrica belleza,
dispuestas como
Jeringuillas en el suelo.

Ladrillos en el suelo
rotos en mil trocitos,
rotos como
Ladrillos en el suelo.

Paquetes de tabaco
fumados tiempo atrás,
fumados como
Paquetes de tabaco.

Bolsas de basura

despedazadas por ratas,

despedazadas como

Bolsas de basura.

Chivatos en el suelo

vaciados en discordante belleza,

vaciados por

Jeringuillas en el suelo.

Tatiana Olavarría

Chile

MAREJADAS

Rocas piadosas soportan la furia
del agua
olas arrastrando arenas se recogen
emergen majestuosas, tocan el cielo
caen sobre la roca acuchillada
de sal.
Envuelta en la extensión de aguas
me desgajo en oleajes de este mar de ti
que soy
me acurrucas en tu fiesta de soles
submarinos,
coloridos peces rozan mi cintura
un caracol estremecido deja
su huella tornasol
la muerte hace guiños desde el roquerío.
Embriagada de olas tu cuerpo yodado
me consume
entre algas y corales el aliento
respira en la altura, espumas arrastra
el viento.
Encuentro la ruta, el navío
que me habita.

Rolando Revagliatti

Argentina, 1945

LLEVAR SU TIEMPO

Algo había sucedido esa mañana

entre nosotros

Había sucedido recién

por la mañana

Realmente

recién

nos avinimos

por la mañana

a que sucediera.

Valentino Terrén Toro

Argentina, 1989

CONTRADICCIÓN

Si usted desea causar una revolución
en el interior oscuro de sus ojos,
no tiene más que ponerse a averiguar
cuáles son las facciones clandestinas que operan
en un diálogo común y corriente.

Lentamente podrá comprobar
que el gesto de la mano no concuerda
con el gesto de la boca y que la mirada amaga a partirse
a la mitad.

Entonces iniciará el viaje hacia la contradicción.
Verá que la pupila se dilata en vez de contraerse
y que los destellos minúsculos que los ojos reflejan
pueden decir cosas que prefieren ocultarse.

Una vez observada la furtiva oposición,
reconocerá el mismo patrón en su mirada.

He ahí el principio de su tarea:
rotará los ojos 180° para verse a sí mismo,
y puede que entonces la contradicción se disuelva.

En caso de no funcionar,
consultar a la muerte al final del camino.

Lisandro Penelas

Argentina, 1983

PRAGA

De pie

frente al océano,

comienza el día

y el cielo es todavía un misterio.

Aquello es el futuro,

la neblina eterna de este amanecer.

De mi mano hay una mujer

y en su vientre un niño.

El viento salado

va y viene a su ritmo;

su fresco aroma

nos despeja el rostro.

Y el mar que se agita

y luego se calma

y todo que es algo

que trascurre en el tiempo

y nosotros de la mano,

viviendo.

Pablo Caramelo

México, 1964

FAMILIARIDAD DEL MISTERIO

ahí

no había nada: en la tierra

nos retorcíamos,

no había nada

ninguna destrucción nos socorría,

ninguna blasfemia

en el centro de la noche, al costado de todo

se detenía el rumor

y los cuerpos eclipsados convertían el cansancio en inminencia

algunos sin querer dormían,

otros velaban al límite de sus fuerzas: el agotamiento

era el principio de algo

al costado de todo,

cuánto tiempo pasó antes de que las llagas del reposo

fueran incurables, en qué momento

las entrañas devolvieron

el eco atronador del centro vacío de la noche

algunos habrán sentido que en mitad del sueño

empezaba la cacería,

otros empezaron a morder

Marcela Aguilar Morales

Bolivia

LA PIEDRA

Aquél que se creyó libre de pecado
arrojó con odio la primera piedra,
y pasó de esas furibundas y acusadoras manos
a girar por el aire, buscando la cara del pecador.
Pero en su recorrido de lance certero,
rememoró la piedra sus inmemoriales culpas.
Recordó ser la perenne piedra de tropiezo
en el camino de una vida.
Recordó su anhelo recóndito
de ocupar en el hombre el trono vital.
Recordó ser la delatora bulliciosa del río,
y el arma homicida en las manos de un niño.
Fue entonces que la piedra se sintió pecadora,
y desvió su camino en el momento preciso
para pasarse de lado por aquella cara espantada.

Franco Boza Ramírez

Chile, 1987

VIEJO PENSANTE

Paulatino el pensamiento en el puño
de siglos desvencijados y rotos
discurre y permuta el senil devoto
pretéritos por hostil refunfuño.
El blanco espejo contradice al joven,
al púgil remoto asido en el ocio
por un ruin acechante estandarte óseo,
paciente porque al viejo el pulso roben.
¿Qué piensa extraviando fácil la vista
en cósmicos agujeros, difuntos,
si en vida equivale sólo a un punto?
Por más que su vigilia alba resista,
maldito el fulgor de un caduco vicio:
Trae al mortal, su último maleficio.

Francisco Aguado Sánchez

Bélgica, 1983

Te imagino dormir,

un mar que surca el mar,

y tu cara, dulce, refleja el viento.

Te imagino levantarte:

yo soy el café que se derrama en tu encimera

y limpias de mala gana.

Te imagino ahora. Y estás soñando

con pájaros que descansan del vuelo

en ventanas, donde adentro, siempre llueve.

Sé que estás en la ducha

Y el jabón resbala por tu cuerpo

mientras el agua lucha por encontrar tus recovecos,

mis recovecos.

Es dulce imaginarte dormir.

Si te pienso, fuerte,

estoy dentro de ti.

Si me sueñas,

es porque estoy dentro de ti.

Si te despiertas, existo.

Elaine Vilar Madruga

Cuba, 1989

SOMBRA MÍA

Sombra mía:

rechaza lo inconcluso,

ven a morir sobre los cuerpos,

sobre los cuerpos remotos de mi miedo.

Sombra mía,

tú que conoces el nacer agua

y devenir agua desde el fondo amargo de las uvas

no me dejes morir por los ladridos,

no me dejes morir por la estampida de saber todo

y no saber nada;

sombra mía

nacida del letargo de las voces,

aprisiona la palabra que me falta

y no la dejes ir

como un cisne tembloroso

si en la otra orilla quedo yo,

desnuda,

llamándote mi sombra.

Marlon F. Guerra Tejera

USA

PERTENENCIA

Tengo de ti recuerdos imborrables,

inquietudes por sueños inconclusos, y palabras,

que intentaron dormirse sin ser articuladas.

Guardo el otoño ardiente que preciso, los suspiros que un día me pediste,

y tu risa, inspirada por vientos y naufragios.

Tengo un deseo anclado en mis insomnios:

son ganas de tenerte noche y día, y van creciendo, y duelen,

y es un dolor profundo, visceral, que luego se bifurca.

Guardo encuentros, apuntes en un diario, y unas fotos marchitas.

También, guardo tu aroma en las entrañas, la magia de esa piel desnuda, suave

que vuela hasta anidar en mis adentros, sin destinos, sin guerras ni derrotas.

Guardo tu boca mística entre salmos, el ocaso de gestos que te sé de memoria

porque te siento mía en cada historia...

Guardo ese olor a sexo inconfundible y la idea temible de olvidarte algún día,

de no abrazarte nunca, o perderte por siempre.

Guardo además, tus rezos.

María José Gil Benedicto

España, 1961

ESTA MAÑANA

Maravilla de ti

Cuando la larga caricia de tu aliento

Recompone el paisaje en madrugada

Y vuelca sobre el rectángulo de la alcoba

Aromas dulces de brisa humedecida.

Un lamento golpea mi abatido cuerpo.

No te vayas, amor, quédate un tiempo,

Sea una eternidad o un momento,

En que pueda sentirte

-Carne invulnerable y dadivosa-

Resucitar a la calidez del alba

Como verdín de piedras y murallas.

Acampa la lluvia en mis raíces,

Árbol reseco que soy de pena carcomido,

Pues hacia la luz me atrae este suspiro

Del abril de tu boca que así anuncia

El primer sol surgido de tu pecho.

Marién Fernández Castillo

Cuba

GÉLIDO

para el próximo invierno

regalarás

las mismas flores que un día te di,

a otro

amante.

para aquella estación

los pétalos son trenes.

cocina allí mi polvo de jazmín.

ofrece tus ojos a la laguna muerta.

en tal quietud

seré el

pez congelado.

Teresa Frías Delgado

España, 1958

Y SONÓ EL ADIÓS

Y otra tarde más las agujas avanzan lentamente

apuntando al frío metal que las acorrala,

y a lo lejos las frágiles sombras

de apariencia desconcertada se esconden

con premura de la sorda inclemencia,

y mis ojos —que aprendieron de los tuyos—

se han cegado tras el cristal.

Y empieza a llover, cuando mi memoria

cuenta los lunares de tu espalda,

y mi dedo evocador los dibuja

en el húmedo empañado.

Y le pregunto a la lluvia

—que es docta en conducta humana—,

¿acaso una lágrima no lastima más que un puñal?

Y ella detiene un segundo su golpear

para acto seguido desplomarse herida hacia el hueco

de unas calles sucias y casi desiertas.

Todo es espejo oscuro, ausencias que persisten,

y caminos que ya no importan.

Y sigue lloviendo por ambos lados de la ventana.

Cristina Moro

USA

EGOSISTEMA

Bebo

esta lluvia

antes nube

breve charco

río, mar

efluvio

de otros charcos

ríos, mares

de otras lluvias

Yo

que habré sido polvo

antes estrella

soplo de amores extinguidos

de otras tierras

Cargo millones

de memorias en las venas

de alientos en el alma

Río a mares

Lloro en charcos

Bebo

Katya Torres

Irlanda, 1988

LA PELUSA

La pelusa entró volando
confiada
por la ventana.
Y luego, tras detenerse,
se me quedó mirando
fijamente:
a los ojos y de frente
tal cual si me retara
o quisiera provocarme
para que yo le soplara.
Muy digna
(casi insultada)
las varias horas siguientes
le devolví la mirada.

Ekaterina Matveeva

Rusia, 1992

SIN RAZÓN

Vosotros sois testigos de mi vida,

Notáis justo cada mi error

Desde el tiempo yo me he crecido

Tratando esconderme en mi interior.

Pregunto: ¿Quién os dio este derecho?

¿Cómo podéis obtener esta razón?

No invité vosotros en mi pecho

Y sólo únicos podrán abrir mi corazón.

Agnes Fong Lucero

Cuba, 1967

HIJOS MINISTROS Y POEMAS

El ministro escribió un poema

lo llevó a casa y en la noche

lo mostró a sus hijos

los hijos no entendieron

una sola palabra

peor que eso

nunca creyeron que hubiera sido

escrito por el mismo hombre que en la mesa

era inclemente con la desobediencia

daba órdenes a sus subordinados desde casa

y más órdenes a la familia desde un salón

cerrado en su oficina

los hijos apartaron a un lado la tímida hoja

garabateada por el padre y salieron a la calle

por esta vez los gritos no taponaban sus oídos

tal vez a los ministros les resulte difícil dibujar

palabras donde un hombre se detiene a constatar

la rapidez del tiempo

o sus hijos no sean capaces de entenderles.

María Victoria Reguero García

España, 1975

DESPERTAR

Ayer desperté dormida,
la injusticia encerraba mis sentidos,
cansado el cerebro.
Ayer desperté dormida,
tropecé con la realidad de pies en el suelo,
¿igualdad, libertad, fraternidad?
Ayer desperté dormida,
desperté en carótida bombeante.
Desperté de mi comodidad sangrada,
desperté de mi sangre acomodada.
¡Hoy desperté en un sueño!
Crujir de empatía,
espejos rotos,
tu reflejo, ahora mío,
tu dolor paliado por un estar a tu lado,
mi dolor anestesiado por tu compañía,
Te encontré.
Me he encontrado.
Mírame, te miro.
Cerremos los ojos, sueña conmigo.

Julián Salcedo

Canadá, 1979

LA FAMILIA

Se derrumba la familia como lo hace un barranco

Caen las piedras de arriba sólo quedan las de abajo

Los viejos que sabían, las historias de los años,

Se les borra la memoria se les va poniendo en blanco.

Los cabellos son cenizas que se caen y se pierden,

Los recuerdos son historias donde se nubla la gente,

En las fiestas los miramos, nuestro corazón prudente

Nos recuerda así estaremos en los años subsecuentes.

La familia de algún día, es una historia antigua

Las madres son abuelas y las niñas mujercitas,

Las solteras solteronas y las nietas señoritas,

Los hombres por su lado, son señores de familia

O ya grandes hombrecitos que deambulan por la vida.

El barranco se destruye o solamente se transforma,

Se convierte en mil familias y entre todas se dan sombra,

Aunque ya no volverá, el pasado que se añora

Aun les queda el recordar hasta que no haya memoria

Y no haya que olvidar y se acabe nuestra historia.

María Agra Fagúndez

España, 1989

BRINDIS

Anoche cuando no dormía,

soñé conmigo,

con el pasado y con el futuro.

Me serví una copa de vino

y brindé

a la salud de todos los hombres que rechacé,

uno a uno,

hasta encontrarme contigo.

Norma Beatriz Demaría

Argentina, 1949

EL DOLOR

Alguien empoza la mirada, inmóvil

claudica en re-significar la ausencia.

Pozo, agujero insondable

y azucena gris desprendida desde el borde

cayendo con su peso de luz tamaño carta.

Estallido de arterias

más acá de las palabras.

Un grito.

Una estrella entonces, se precipita y muere

antes de ser nombrada.

Carmen Moreno García

España, 1978

TODAS LAS HISTORIAS DEL MUNDO

Mis padres comparten una historia secreta, una historia que sólo ellos conocen.

Una palabra al oído ¿pero cuál?

Un rincón oscuro ¿pero dónde?

Manos y brazos y orejas y escalones y árboles y viento y cartas y labios y mar.

Todas las historias del mundo son como hordas de globos cuyas cuerdas sostiene la única mano de un niño.

Gritos y besos y pasos y letras y olvidos y miedos y yo.

Irene Esteve Abellán

Reino Unido, 1986

MIRADAS TRISTES

Mirada triste de muñecas rotas,
había perdido el rumbo tras sus pasos.
Subida en ese tren sin destino,
Volaba su imaginación por la ventana.
Esperaba que el aire la despertara,
pero no podía salir de ese camino.
Detrás de su silencio eterno,
perdida en el oscuro recuerdo.
Cruzaba puentes hacia la nada,
atravesando bosques llenos de espinas.
Vagando entre los árboles,
respirando de ese aire frío.
Olvidó la inquietante esperanza,
ahora sólo sentía desesperanza.
Y ya no pudo hacer nada...
Su mirada triste el viento se llevaba.

Álvaro Rivero Maldonado

USA

COMO UN LENGUAJE NUEVO

Como un lenguaje nuevo,

cuya mudez delate al estratega.

Con gestos inventados,

en el silencio existencial de un beso.

Ajenos a palabras y a frases.

Mirando al otro lado del arcoíris.

Con ojos, avistando el futuro gutural de la especie.

No negando el avance de las gesticulaciones emotivas.

Buscando resaltar, los extremos más añorados.

Sin olvidar detalles,

para llegar a la certera luz de los ocasos.

No olvidando el desplome,

de ciertas vidas paralelas.

Danzando en derredor del fuego.

Cantando, mientras vamos danzando apasionados,

alrededor del fuego diario,

de nuestra más soterrada expresión.

Sara Suejen

USA, 1955

CASI AUSENTE

Déjame estar

en esta serena locura

para pensar

en mi hoy,

oigo lejanas las risas

de los que aun

detentan la vida,

la mía,

es un eco ausente

de los que fueron

mis pasados,

sigo tranquila

en la locura de este

presente

sin recordar

el futuro,

es que sólo siento

que casi,

ya estoy ausente.

Ann Marie Fickes

USA, 1961

DESAPARECIDO

Mi voz dijo algo diferente

y así me separaron

del perfume de las flores

de la danza de la lluvia

de las caricias del sol.

Me separaron de los abrazos de almas amadas

y por último me separaron del sabor de mis lágrimas.

Pero los hombres solamente pueden silenciar las voces
por un momento.

Nadie puede tomar

lo que a Dios pertenece.

Las almas de los desaparecidos inscriben sus historias en
lágrimas

y bañan el mundo con sus voces.

Riegan las raíces de la humanidad y dan fruto.

Mi voz vive en el vientre de una madre

en el aliento de una oración

y en ti.

Nada puede separarnos.

Annette Marie Escamilla

USA, 1974

ENTRO EN TI

Entro en ti, un paraíso puro y salvaje

Tus hojas con el primer rocío del día

Fresco para beber, frío de la noche

Busco el yo perdido del tiempo

Con la piel seca y los huesos de piedra

Percibo la alfombra más suave de tu alma

Respiro el perfume de tu aliento

Cuando soplas, promesas pueblan la calma

Tu belleza fiera me pide encontrar lo más íntimo

El lugar sagrado, sin mancha de mano

Me detengo a un paso de la gloria

Estoy en el precipicio con el sabor del deseo

Qué tristeza que la esperanza no llegará a más

Imagino cómo sería esta perfección con huellas

Y me quedo aquí para siempre, mirándote.

Mónica Pimienta Martínez

USA, 1983

INVITACIÓN

Enciéndeme la noche con tu sexo.

Dibuja con tus dedos mi paisaje.

Desata manantiales con coraje.

Enrédame en el cóncavo y convexo.

Define con tus uñas las fronteras.

Bendíceme la piel con tu cruz santa.

Seduce la libélula que canta.

Entiérrame en el pubis tus banderas.

Mas luego de tu exceso y tu diatriba

y el sinfín de gemidos en mi lecho,

toma mi corazón a la deriva,

cansado ya de andar sólo y maltrecho.

Siembra en tu beso una camelia viva

y llévala a vivir sobre mi pecho.

Santiago García-Castañón

USA, 1959

UNA NOCHE EN COMPAÑÍA

Habías estado hablando en un congreso

de un dramaturgo que vivió

hace más de tres siglos,

un tipo prolífico y desvergonzado

que nunca

llegó a poner sus pies en Lexington, Kentucky.

Y mientras dialogabas con tu bourbon

grupos de jóvenes

caminaban ruidosamente por la calle

y el destello fugaz de una ambulancia

atravesó la noche.

Pensaste en ella, era rubia

y la viste reflejada

en todos los rostros femeninos,

pero esos rostros se desvanecieron.

Y te quedaste allí, solo,

apoyado en la barra de un bar desconocido

y ni tu bourbon ya te hacía caso.

Ana-Maria Dragoi

Rumanía, 1983

CONFÍO DESDE SIEMPRE, PARA SIEMPRE...

El tiempo pasa y pasará, yo pasaré, me pasaré,

Tú también, pero tu mirada se quedará aquí,

Muy dentro de mí, en la ceniza de mi alma.

A ella, nadie me lo puede robar,

Ella es mi bufanda-recuerdo.

La tengo siempre conmigo.

Con ella no tengo frio

Y a ella nadie me lo puede robar.

Aunque el tiempo pasará, aunque yo me pasaré y tú también,

Aunque la tristeza me duele mucho, yo confío en ti.

Confío en tu mirada de ayer, de hoy, de siempre.

Confío desde siempre, para siempre...

Tu mirada-agua-y-sol se quedará conmigo.

Confío en el espejo del cielo de mi alma,

De donde ella me acompaña y me acompañará.

Con ella no tengo frío... Con ella no tengo frio.

Aunque tu ausencia provoca lluvias y tormentas

En estos triste, ojos míos, en mi pequeño ser,

Tu mirada se queda aquí, conmigo, para siempre...

Luz Marina Welmans

Tailandia, 1971

AVISO CLASIFICADO

Se compran y se venden
cerebros de pantalla plana
existencias retocadas
almas de la última colección
sonrisas diseñadas
placeres al por mayor y al detal
caricias de marca
besos cibernéticos
alientos y sudores con olor a nuevo
que estimulan el punto com
y evitan el aburrimiento precoz

Michael Torres

USA, 1993

EL CORAZÓN

El corazón no se rompe,

Cumple con lo que sueñes.

Nunca se arrepiente,

Busca quien lo alimente.

Tiene su propia mente,

Juega con alguien siempre.,

Al igual lo atiendes,

Las puertas se les abren.

Lo material que nunca falte,

Con música de pretendientes.

Amistades que encuentre,

Las palabras que rosen,

Sobre su cuerpo caliente.

No evita la muerte,

Para siempre él vive.

El corazón es mujer.

Huascar Moises V Cabanillas Anaya

Perú, 1971

RECORDADA ENERO

Yo no sé si hay casualidad,

en volver a trazar la dirección

de un par de rutas que hace

tiempo bifurcaron horizontes.

Para serle sincero a ese que soy en frente del espejo,

debo confesar que hoy quiero celebrar entre sus brazos

la magia eterna de sus besos...

Dormirme por ejemplo a la deriva de sus sueños,

jugar a ser feliz con sus cabellos

y volver tímidamente a acariciar sus pétalos en flor...

Hoy, quiero subir al seno empinado de sus montes,

dejarme caer en lo profundo de su ser,

para escribir bajo su piel aquella historia

que entre los dos nunca pudo ser.

Cuando llegue aquella noche poblada de silencios,

me abrazaré del arco iris sujetándome a sus hombros

y me aferraré a la última esperanza de un amor

que por usted nació para perder.

Elena Errazuriz

USA

EXCURSIÓN A MÍ MISMO

No todos los veranos esparce uno cenizas en un monte cercano.

Vacía un piso de objetos reubicados en apartamentos aledaños.

Abandona ciertos ritos: saludar por teléfono o pasear despacio.

Es verdad lo que se dice: la cabeza sólo recuerda lo dorado.

No cada tanto recibe uno al padre de sus hijos con vino.

Pasa una noche en vilo como cuando tiene un niño recién nacido

o la pierde frente al televisor, como quien la cosa no quiso.

Cuando discutimos desearía que cargaras tú con mis desatinos.

No siempre conviene sortear malas pasadas que aguardan.

Ser el mago del juego y el rey del buen momento

no hace sino acentuar tu desventaja

concursante consentido

como tu edad desvela un luto huérfano

por alfileres prendido.

Luis Yuré

USA, 1967

CANTATA DE UN DIOS PASAJERO

Desconfío de esta noche como de los alacranes. Dudo de la arena dormida, del árbol venenoso en medio del desierto, de tanto espejismo: tormentas de polvo que me sofocan con su antifaz, su huida, su danza rabiosa. En mí, hay un libro en llamas, dos letras verdes, números que hacen llorar a quien los sume. Al otro lado del lago es aún la tarde y nace de una polvareda el niño muerto que fui.

ÍNDICE

Sobre los ganadores

El poeta colombiano Juan Ignacio Muñoz reside desde 1999 en Quebec, Canadá. En el 2012, su cuento "Tout est là-bas", en francés y publicado por el diario *Le Courier de Laval* resultó premiado en la categoría Gran Público. El poema "Otro canto mañanero", Gran Premio de Poesía La Pereza 2013, pertenece a *Distangustía*, una colección que escribe desde el 2003. En la actualidad se encuentra corrigiendo el manuscrito de la novela *L'Invisible Chromognon*, historia que relata las vicisitudes de un hombre invisible en Bogotá.

El cubano Luis Manuel Pérez Boitel es un muy reconocido poeta nacido en Villa Clara, en el pueblecito de Remedios donde aún reside. Su obra ha sido ampliamente publicada en México, Puerto Rico, Brasil, Colombia, Estados Unidos y Holanda. Ha recibido el Premio Francisco Garzón Céspedes de España, el Casa de Teatro de República Dominicana, el Desiderio Macías Silva de México, y en Cuba el Premio Casa de las Américas.

Leslie Urdanivia nació en Cuba y actualmente reside en Miami. Su cuento "En la lancha" resultó finalista en el Premio Internacional de Minicuentos La Pereza 2013 y publicado en la antología *Diez por ciento y más*. Desde el 2011 mantiene el blog www.lolaenlaluna.wordpress.com

Sobre el autor de la obra en portada

El artista de la plástica Abel Barroso (Pinar del Río, 1971) realizó estudios en el Instituto Superior de Arte de La Habana y cursó becas en el Banff Centre for the Arts de Canadá y en la Universidad del Sur de la Florida. Obras suyas forman parte de las colecciones permanentes del Centro de Estudios Cubanos en Nueva York, el Taller Presente de Tokio y el Museo Nacional de Bellas Artes de Cuba.

Título: *Escuchando ambas partes*
Tinta sobre papel, Abel Barroso, 2013

www.ingramcontent.com/pod-product-compliance
Lightning Source LLC
Chambersburg PA
CBHW061143040426
42445CB00013B/1517